Inhalt

Der Nikolaus klopft an	4
Auch zu Stefan kommt der Nikolaus	11
Die Karotte aus Marzipan	15
Kein Schnee für Trixi?	21

Der Nikolaus klopft an

Wir sitzen
beim Abendessen,
als es laut
an der Balkontür
klopft.

Papa fällt
der Löffel
in die Suppe.
Und Mama
verschluckt sich
vor Schreck.

Mir ist es nur
ein bisschen unheimlich.
Ich heiße
übrigens Tobias.
Ich gehe schon
in die erste Klasse.

Nur Trixi
erschrickt nicht.
Aber sie ist auch
noch ziemlich dumm.
Sie ist nämlich
gerade mal
vier Jahre alt.

Papa macht
die Balkontür auf.
Und wer kommt herein?
Der Nikolaus!
Mit Mantel,
Stock und Mütze.

Weil es aber draußen
so kalt ist
und drinnen so warm,
ist seine Brille
ganz beschlagen.

Vielleicht
stolpert er deshalb
an der Schwelle.
Fast fällt er hin!
Dabei verliert er
seine Mütze.

Der Arme hat
gar keine Haare
auf dem Kopf!
Darum setzt er
seine Mütze auch
ganz schnell
wieder auf.

„Wart ihr brav?",
fragt der Nikolaus
mit tiefer Stimme.

Ich nicke,
doch Trixi
schüttelt den Kopf.
„Papa und Mama
waren manchmal
gar nicht nett",
beschwert sie sich.

Da lacht der Nikolaus:
„Darum habe ich auch
nur dir und Tobias
etwas mitgebracht."

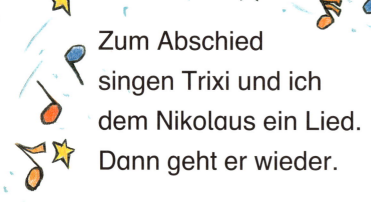

Zum Abschied
singen Trixi und ich
dem Nikolaus ein Lied.
Dann geht er wieder.

Trixi sagt:
„Vorhin, ohne Mütze,
hat der Nikolaus
am Kopf oben
wie Onkel Peter
ausgesehen."

So ein Quatsch!
Na ja, Trixi ist ja
auch gerade mal
vier Jahre alt.

Auch zu Stefan kommt der Nikolaus

Morgens in der Schule
fragt unsere Lehrerin,
was wir vom Nikolaus
bekommen haben.

Mir hat er
ein Buch gebracht.
Und Trixi
ein kleines Schaf
aus weißer Wolle.
Und jedem von uns
einen bunten Gummiball.

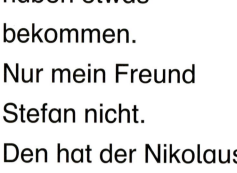

Alle in meiner Klasse
haben etwas
bekommen.
Nur mein Freund
Stefan nicht.
Den hat der Nikolaus
doch glatt vergessen.

Das finde ich gemein,
weil Stefan
ziemlich traurig ist.

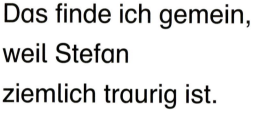

Seine Mutter hat sich
das Bein gebrochen
und liegt
im Krankenhaus.

Als ich daheim
beim Mittagessen
das mit Stefan erzähle,
beginnt Trixi
zu weinen.

Sie will Stefan
unbedingt ihren
Gummiball schenken.
Obwohl sie ihn
so schön findet.

Aber Mama sagt,
der Nikolaus
hat den Stefan
sicher nicht vergessen.

Und wirklich:
Am nächsten Tag
erscheint Stefan
in der Schule
mit einem kleinen
Nikolaus-Sack.

Darin sind
Äpfel und Mandarinen,
tolle Buntstifte –
und ein bunter Gummiball.
So einer wie der
von Trixi und mir!

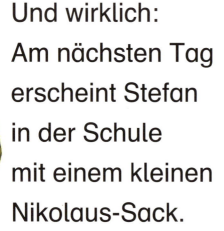
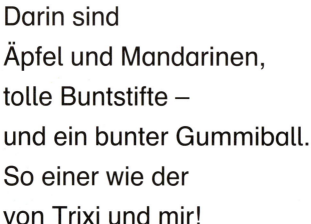

Die Karotte aus Marzipan

Advent ist fast so schön
wie Weihnachten!
Überall riecht es
nach Plätzchen
und Bratäpfeln.

Und jeden Sonntag
liegt für Trixi und mich
ein Geschenk
vor dem Küchenfenster.
Wir finden es immer,
wenn wir aufstehen.

Diesmal sind es
ein Apfel
und eine Karotte
aus Marzipan.

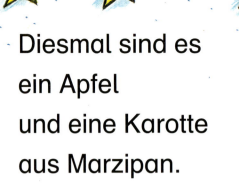

Die Karotte ist größer.
Die nehme ich mir.
Marzipan ist nämlich
meine Lieblingsspeise.

Aber Trixi
will sie auch.
„Mein Hase frisst doch
am liebsten Karotten",
heult sie los.
„Er hat auch Advent!"

Ich glaube nicht,
dass Hasen
Karotten aus Marzipan
mögen.
Nicht einmal
der verfressene Hase
von Trixi!

Aber weil mir
Trixi gestern
ihren halben Lebkuchen
geschenkt hat,
bin ich großzügig.

Trixi geht also
mit der Karotte
zu ihrem Hasen.

Ich höre,
wie sie sich
mit ihm unterhält.

Dann wird es
ganz still.
Unheimlich still.
Plötzlich brüllt Trixi
ganz schrecklich los!
Alle sausen wir
zu ihr: Mama,
Papa und ich.

Trixi sitzt
vor ihrem Hasen
auf dem Fußboden.
Vor lauter Heulen
kann sie uns
gar nicht sagen,
was los ist.

Endlich schluchzt sie:
„Mein Hase hat
die ganze
Marzipan-Karotte
allein aufgefressen.
Aber ich habe
doch auch Advent."

Kein Schnee für Trixi?

Als ich aufwache,
weiß ich zuerst nicht,
warum ich mich
so freue.

Aber dann
fällt mir ein,
dass heute
Weihnachten ist!

Irgendwo höre ich
Papa und Mama
flüstern und
mit Papier rascheln.

Dann ist es wieder
ganz still.

Vielleicht fliegt ja
gerade das Christkind
durchs Haus.

Nur Trixi ist
gar nicht vergnügt.
Beim Frühstück
rollt sogar eine Träne
in ihre Milchtasse.

„Was hast du denn?",
fragt Mama.

„Nirgends ist Schnee!"
Trixi deutet verzweifelt
zum Fenster hinaus.
„Ich habe mir doch
vom Christkind
einen Schlitten
gewünscht!"

Nach dem Frühstück pinseln Mama und ich noch Zuckerguss auf Lebkuchenherzen.

„Wo ist Trixi?", fragt Mama. „Sie wollte doch auch helfen."

Aber da entdecken wir
Trixi schon.
Mitten im Garten
steht sie.

Sie hat ihr
weißes Nachthemd an
und auf dem Kopf
eine weiße Mütze.

Dieselben Sachen
hat sie auch
bei dem Weihnachtsspiel
im Kindergarten angehabt.
Da war sie
die Schneekönigin.

Trixi hebt die Arme
und ruft ganz laut:
„Schneeflocken, kommt!
Es ist Weihnachten!"

Mama holt Trixi
schnell wieder
in die warme Küche.

Arme Trixi!
Sie weiß nicht einmal,
dass die Schneeflocken
nicht hören können,
weil sie
keine Ohren haben!

Endlich
wird es dunkel.
Endlich läutet
die kleine
Weihnachtsglocke.
Jetzt dürfen
Trixi und ich
ins Weihnachtszimmer.

Da ist es wunderschön!
Die Kerzen brennen
am Baum
und es riecht gut
nach Tannennadeln.

Papa erzählt,
wie das Christkind
auf die Welt
gekommen ist.
Und dann wird
das Tuch aufgehoben,
unter dem
die Geschenke
liegen.

Ich bekomme
ganz tolle Rollschuhe.
Genau die, die ich mir
gewünscht habe.

Trixi bekommt
wirklich einen Schlitten.
Und Schnee!

Wie Gänsefedern
schweben am Fenster
dicke, weiße Flocken
vorbei.

Trixi freut sich
wie eine echte
Schneekönigin!
Sie geht zur Krippe.
„Vielen Dank!",
sagt sie
zum Christkind,
„dass alles
so schön ist!"

Und dann ist
richtig Weihnachten.

DER ABC-BÄR
Kleine Geschichten

Eine Auswahl:
Insa Bauer, **Knifflige Fälle für Pia und Mecki**
Ilse Bintig, **Zi-Za-Zauberhut – Lisa zaubert richtig gut!**
Hannelore Dierks, **Vorsicht, hier spukts!**
Sabine Jörg, **Hallo Joko! Hallo Anna!**
Ingrid Kötter, **Schule ist schööön!**
Ingrid Kötter, **Die Windpockenbande**
Manfred Mai, **Lisa und Paul auf dem Schulweg**
Inge Meyer-Dietrich, **Morgens, wenn der Wecker kräht**
Maria Seidemann, **Spilly der Flusspirat**
Regina Schwarz, **Florians Zaubertinte**
Anne Steinwart, **Mensch, Jule!**
Anne Steinwart, **Jule Mogelvogel**
Claudia Toll, **Wer hat den Osterhasen gesehen?**
Gerda Wagener, **Mein Opa ist Klasse!**
Gerda Wagener, **Sara und die Indianerin**
Christa Zeuch, **Hoppla, hier kommt Pauline!**

Jeder Band: Gebunden. Farbiger Vorsatz. Durchgehend farbige Illustrationen. 32 Seiten. Ab 6